edition logischer garten

D1857151

Für Christel

Dietrich Kittner

Der Widerspenstigen Zählung

Wie man ein Verhör straflos übersteht

1. Auflage 2010

© 1987 Dietrich Kittner

© für diese Ausgabe by edition logischer garten

Bischofsholer Damm 88, 30173 Hannover

Alle Rechte vorbehalten

Satz und Umbruch: Satzstudio Schneider, 15537 Erkner

Fotos: Beckmann (S. 41), Böhme (S. 65), Brüggemann (S. 25), Giesel (S. 59), Huth (S. 49), novum (S. 53), Schnelle (S. 15), Archiv Kittner (S. 31)

Umschlaggestaltung: Dietrich Kittner unter Verwendung je eines Fotos von Wilfried Sauer (Front) und Anselm H.-W. Müller (Rückcover), Eva Sbüll

Druck und Verarbeitung: Sächsisches Druck- und Verlagshaus AG, Dresden

CD-Schnitt: Andreas Barthel, Independent Entertainment GmbH

Die Deutsche Bibliothek – CIP-Einheitsaufnahme

Kittner, Dietrich:

Der Widerspenstigen Zählung – Wie man ein Verhör straflos übersteht. / Dietrich Kittner

1. Auflage - Hannover: edition logischer garten 2010

ISBN 978-3-924526-35-1

Ein Spanner geht um.

Vater Staat will uns unbedingt nackt sehen, zumindest an den Gates der Flughäfen. Vielleicht demnächst auch in U- und S-Bahnhöfen oder an Bushaltestellen? Auszuschließen wäre es nicht.

Dabei kennt uns Papa doch eh schon genau. Wir alle tragen eine persönliche, lebenslang unveränderliche sogenannte „Steuernummer"; und zwar wirklich vom ersten Schrei an. Schließlich gibt es ja viele zwei Monate alte Baby-Schwarzarbeiter. Die Nummer ist übrigens elfstellig. Rechnen Sie mal selbst nach, wieviele Milliarden DeutschInnen so auf dem Erdball demnach herumkrebsen müssen!

Papa als unser Erziehungsberechtigter darf uns selbstverständlich belauschen. Überall (nicht nur am Telefon). Sogar im Beichtstuhl, in der Wahlkabine, auf dem Lokus[1]. Wäre das Spannen dort nicht erlaubt, würden alle verdächtigen Leute ihre erschröcklichen Verbrechen nur noch beim Beichten, Wählen oder Scheißen besprechen.

Das Lauschen ist dem Staat immer dort erlaubt, wo es nicht ausdrücklich verboten ist. Das gilt einzig für Abgeordnetenbüros. Ein wenig unverständlich: Heißt es nicht, es gehe gerade gegen die organisierte Kriminalität? Aber eben: Du sollst dem Ochsen, der da leeres Stroh drischt, nicht aufs Maul schauen.

---

1 *Praktischer Tip: Dusche anstellen!*

Daddy darf uns auch filmen. Streng anonym natürlich und deshalb beispielsweise auch im Schlafzimmer. Welch Service doch: Angenommen, einer kommt von einem fröhlichen Umtrunk mit Kollegen spät abends nachhause, wirft erschöpft die Klamotten vors Bett, sich selbst in die Daunen und schnarcht sich durch die Nacht. – Morgens hat er ein Problem: Wo hatte ich doch gleich die Brieftasche hingelegt? Eine kurze telefonische Nachfrage beim Verfassungsschutz kann hier hilfreichsein.

Papa Staat ist bürgernah. Noch näher wäre eigentlich nur Endoskopie.

Das alles und noch viel mehr weiß Vati, er möchte jedoch gern zum Dr. Allwissend promoviert werden. Darum startet er von Zeit zu Zeit eine weitere Aktion:

Das Volksverhör. Machen Sie mit! Es geht sogar straflos. Noch.

Weil die meisten von uns ihr geliebtes Handy stets bei sich tragen, ist der Innenminister natürlich jederzeit darüber informiert, wo wir uns gerade aufhalten. Damit ihm keines seiner Schäfchen verlorengeht, will er das jedoch von ausnahmslos allen wissen. So werden wir dann wohl demnächst den Chip hinter die Schläferlappen implantiert bekommen. Möglicherweise sogar mit einem klitzekleinen eingebauten fernzündbaren Sprengsatz. Anwendbar natürlich nur im äußersten Notfall: Ruhe im Staat.

Ihr 14 572 473

Der Widerspenstigen Zählung

Seit eh und je bemühe ich mich, in meinen Programmen gelegentlich ein wenig praktische Lebenshilfe anzubieten. Ohne Aufpreis, versteht sich; schließlich trägt sogar der Satiriker irgendwie Mitverantwortung für seine unter Gewissensdruck stehenden Mitbürger und Innen!

Dieses mein edles Engagament will ich Ihnen heute wieder höchst konkret beweisen; steht uns Deutschen – nicht zum ersten Male – doch demnächst eine schwere Prüfung bevor: Die nationale Erhebung: Die Volkszählung, wie sie der gleichnamige -mund nennt, steht vor der Tür. Und zwar im Wortsinne, nämlich in Person behördlicher Oberstabszählmeister.

„Was tun?", das ist nun plötzlich die Frage, die unser Volk weithin bewegt. So auch mich. Silber oder Gold? Nämlich: reden oder schweigen?

Ich will Ihnen jetzt ehrlich gestehen: an sowie auch für sich bin ich Gegner der Volksausforschung und besitze dazu gleich drei gute Gründe:

Erstens biblische. Wie steht es doch schon im alten Testament: ein gewisser König David hatte einst eine Volkszählung in Auftrag gegeben, und Gott der Herr war darob sogleich höchlichst erzürnt.

So steht es in der Heiligen Schrift[1]. Eindeutig und zweifelsfrei: Wir müssen den Herrn als – Volkszählungsgegner betrachten!!

Das haben Sie nun wieder nicht gewußt, gelle?

Weil sich aber der König – Kanzler gab's damals noch nicht – kein Jota drum geschert, sondern dennoch hat zählen lassen, schickte Gott der Herr eine Pestilenz über das Land, welchselbe dann das Volk hinweg gerafft hat. – Wen wollte David da noch erfassen lassen?

Heute kriegen wir nun wieder eine Volkszählung. Ich weiß ja nicht, ob Sie an Pestilenzen glauben, wollte Ihnen jedoch mit dieser biblischen Reminiszenz wenigstens erste Hilfen zu besserem Verständnis geben – *first aids*, wie der Engländer sagt.

*

Der zweite Grund, der für mich dagegen spricht, liegt im germanistischen Unvermögen, in Unlogik und uneffizienter Fragestellung der Zählkellner. Sie, ich kann das beurteilen, ich bin ja auch Statistiker: ich zähle jeden Abend mein Publikum. Schon wegen der Kasse.

So habe ich mir also mal einen Zählbogen geliehen – zugestellt habe ich ja leider noch keinen bekommen! – und mir die Fragen angesehen. Die hauen einen aber um! Wie soll ich denn beispielsweise folgenden Satz verstehen?

„Wann ist dieser Haushalt in diese Wohnung eingezogen?" ?!

---

1 2. Samuel 24 Vers 1–15 und 1. Chronik 21 Vers 1–14

Da waren begnadete Sprachschöpfer am Werk! Beim nächsten Mal werden sie wohl fragen: „Geht Ihr Staubsauger sonntags spazieren?“ Oder: „Wie hat es Ihrer Nähmaschine auf dem Oktoberfest gefallen?“ – Natürlich könnte man solche Fragen auch als Beitrag zur Emanzipation der Frau verstehen, aber das ist wohl doch zu hoch angesetzt, wie die folgende – echte! – Formulierung beweist:

„Handelt es sich bei Ihrer Wohnung um eine Freizeitwohnung?“

– Nein. Ich wohne beruflich zu Hause. Bin sogar geprüfter Diplomwohner: erst eine dreijährige Wohnlehre bei einem Wohnmeisterbetrieb, dann vier Semester Wohnistik – jetzt promoviere ich zum Dr. logis. – „Ja“ können bei dieser Frage eigentlich nur Amateur- oder Hobbywohner ankreuzen. Wie jedoch soll sich ein Heimwerker entscheiden?

Tief verunsichert hat mich auch diese Frage:

„Leben Sie dauernd getrennt?“

Nein: nicht „von wem oder was, Dativ?“ haben sie gefragt, nur: „Leben Sie dauernd getrennt?“ – Ich bin sofort zu meinem Arzt gelaufen, aber der hat gemeint, es sei noch alles dran, noch alles zusammen. Sogar der Kopf säße noch fest auf dem Hals. Da war ich richtig erleichtert.

Viele Leute werden auch eine weitere Frage mißverstanden haben:

„Welche Verkehrsmittel benutzen Sie?“

– Na gut, unsereiner fällt darauf nicht herein, aber man muß ja auch mit den Dummen rechnen. Oder mit Katholiken. Da soll man dann das

„überwiegend benutzte Verkehrsmittel“

ankreuzen: Füße, Bahn, Fahrrad, Auto ... Was ist nun mit Fahrgemeinschaften? „Viertel-Auto“ ist als Spalte nicht vorgesehen. So jubeln die die Autostatistik hoch!

Dann soll man auch angeben, wovon man lebt!! – Na, ich esse was, trinke was ..., und wenn ich nun unbedingt angeben soll, dann würde ich eben antworten: ich lebe von Kaviar und Champagner.

Nun will ich mich nicht dümmer stellen, als ich wirklich bin. Ich weiß ja, was sie meinen: Sie wollen wissen, wie man an Knete kommt. Da gibt es Rubriken im Zählbogen:

„Arbeitseinkommen, Einnahmen aus Miethausbesitz, aus Aktienbesitz“

– alles, was die Arbeiter so haben. Eine wichtige, statistisch vermutlich außerordentlich erhebliche Kategorie fehlt jedoch: Einkommen aus strafbaren Handlungen! – Sie, das sind jährlich Milliarden!! Fragen Sie mal in der Großindustrie nach, bei den Banken, in der Politik! Da stimmt doch die komplette Statistik nicht mehr! Aus purer Vergeßlichkeit. – Unsere Volkszählungsstrategen haben die entsprechende Rubrik offensichtlich schlicht vergessen; denn schließlich hätte doch jeder Befragte besorgt und risikolos angeben können, ob er etwas geklaut hat oder ob er gewerbsmäßig andere Leute betrügt. Die Volkszählung ist doch anonym! So steht es im Gesetz.

*

Hier liegt der dritte Grund, aus dem heraus ich die Zählerei zunächst ablehnte: Ich besitze – wie Sie längst bemerkt haben – beruflich einen ausgesprochenen Geltungsdrang. Mir ist das Verfahren zu anonym. Da gehste ja völlig unter in der Masse! Da kannste dich doch gar nicht profilieren.

Sie ahnen ja nicht, wie anonym das alles ist, geradezu ein Anonymitätsexzess. Nach der Volkszählung wird es vorbei sein mit der Kommunikation: da wird keiner mehr niemanden kennen.

Also, so anonym ist das: Sie müssen nur Ihren Namen auf den nummerierten Mantelbogen schreiben; der wird dann vernichtet – nachdem Name und Nummer gespeichert sind.

Damit aber die Behörde weiß, was und wer wozu gehört, tragen die weiteren anonymen Bögen, auf denen Sie Ihre anonymen Antworten notieren müssen, die gleiche anonyme Nummer wie die der anonymen Mantelbögen. Kapiert?

Dann muß man nur noch ganz anonym die genaue Anschrift des Arbeitsplatzes angeben; die kommt nicht in den Reißwolf. Das wäre ja Arbeitsplatzvernichtung!

Außerdem finde ich das mit der Arbeitsplatzangabe irgendwie lustig. Wenn die Volkszähler Ihre Angaben entgegen dem Gesetz rückverfolgen wollten, würden sie stets bei Ihrem Arbeitgeber landen. Und dem würden wir es doch gönnen! Der müßte sich dann, als Handwerksmeister etwa, den Kopf zerbrechen: „Habe ich denn in meinem Betrieb wirklich keinen 27jährigen männlichen, katholischen, verheirateten Orgelbauerstudenten mit Abitur und einem Kind, der jeden Tag mit dem Radl zur Arbeit kommt? Oh, wenn ich es nur wüßte, wenn ich es nur wüßte!“

Bei mir wäre es noch schlimmer: mein Chef – ich kann es Ihnen ja mal ganz anonym verraten – heißt Dietrich Kittner. Und der hat ein schlechtes Gedächtnis, könnte den Zählknechten also nix sagen;

da könnten die nun wirklich nie zurückverfolgen, wer den Bogen ausgefüllt hat.

Ganz anonym also soll man u. a. folgende Daten aufschreiben: Beruf (genau spezifiziert, Fachrichtung), Geschlecht (Fachrichtung?), Konfession, Familienstand, Geburtshalbjahr ... – Geburtsjahr alleine langt nicht, Halbjahr ist sicherer, noch anonymer.

Das ist also alles anonym, weil der einzelne Mensch da in der Masse untergeht. Was lehrt uns dies? – Der Mensch geht unter, es bleibt nur die Nummer.

Damit wir nicht zu sehr vermasst werden, ist bei der Volkszählung die kleinste zusammengefaßte auszuwertende Einheit: die Blockseite. Interessant, nicht? Eine Blockseite ist eine Seite eines Häuserblocks.

Einen Häuserblock kennen Sie? – Das ist das, wo früher der NS-Blockwart herrschte. Die Laufbahn war: Luftschutzwart, Hauswart, Blockwart, Ortsgruppenleiter, Kreisleiter, Gauleiter. Die GAU-Leiter sitzen heute bei der Atomindustrie.

Eine Blockseite ist also ein Viertel Häuserblock – der Zählknecht ist demzufolge heute nur ein viertel Blockwart. – Noch genauer: die Blockseite ist eine Straßenseite zwischen zwei Straßenecken. Das sind manchmal zwei Häuser, manchmal 30 Häuser, große, kleine, je nachdem. Manchmal ist es auch nur ein einziges Haus. Das weiß der Staat aber nicht.[1]

Bei mir zu Hause, auf unserer Blockseite, habe ich schon mal eine private Volkszählung vorab gemacht; per Augenschein, das ist ja straflos. Im Gegensatz zur Behörde habe ich auch schon die ersten

---

1 *Nachtrag 2010: Fahrbare Stereokameras, wie sie Google heute einsetzt, waren 1987 noch nicht gebräuchlich.*

Ergebnisse: es sind genau 18 Reihenhäuser mit zusammen 39 Klingelknöpfen, also

„Wohnparteien“.

– Jetzt wissen wir schon etwas über die Sozialstruktur.

Da habe ich mir nun logisch ausgerechnet, wenn ich in meinen Bogen schreibe: – männlicher, verheirateter, konfessionsloser Kabarettist, geboren zwischen Januar und Juni 1935 – dann gehe ich in der Masse der 4.785 anderen männlichen, verheirateten, konfessionslosen Kabarettisten, die ebenfalls zwischen Januar und Juni 1935 geboren sind und in unserer Blockseite leben, völlig unter! Mich da zu identifizieren, das schafft keiner der Zählcomputer!

Das ist nicht nur bei Kabarettisten so. Befindet sich unter Ihnen zufällig auch ein Lokomotivführer? Überlegen Sie mal, wieviele Lokomotivführer in einer Blockseite leben! Oder Rundfunkjournalistinnen, Hals-Nasen-Ohren-Ärzte … Oder Damenfriseure. Bekanntermaßen wohnen ja in einer Blockseite jeweils Stücker 200 Damenfriseure; die sind offensichtlich nur rudelweise lebensfähig. So anonym ist das.

Logischerweise muß die gesetzlich gegebene Garantie für die Anonymität der Volkszählung in einer gewissen Beklopptheit der Zähler begründet liegen. Die müssen wohl dümmer sein, als die Polizei erlaubt. Jedenfalls haben unserer demokratischen politischen Polizei, Abt. Staatsschutz, belegbar gelegentlich schon zwei Daten genügt, um mich „zurückzuverfolgen“, nämlich Beruf und Bundesland. Geschlecht, Geburtshalbjahr, Konfession, Familienstand, Einkommen brauchten die dazu nicht, geschweige denn Stadt, Stadtteil, Block oder gar „Blockseite“. „Kabarettist“ und „Niedersachsen“ hat denen genügt. Aber bei der Polizei geht es natürlich auch nicht anonym zu. Die Post dagegen hat tatsächlich schon anonyme Briefe mit der ein wenig knappen Anschrift „An die linke Kabarettisten-Sau. Hannover“ anstandslos bei mir zugestellt.

Das alles war neben göttlicher Strafdrohung und unklarer Fragestellungen also der dritte Grund, der mich um ein Haar dazu veranlaßt hätte, die nationale Erhebung zu boykottieren: mein, in obigem Absatz übrigens hinreichend dokumentierter Geltungsdrang, die Gefahr der Anonymisierung.

Fast hätte ich Ihnen infolgedessen zur Volkszählung geraten; machen Sie es wie ein Politiker! Da hat nämlich einer vor dem Untersuchungsausschuß ordentlich deutsch in die Brust geworfen und erklärt: „Welche Fragen ich beantworte und welche Fragen ich nicht beantworte, das müssen Sie schon mir überlassen.“ So wird er es vermutlich auch bei gewissen Fragen im Volkszählungsbogen halten, etwa bei denen nach seinen Einkommensquellen und deren Höhe. Und natürlich darf ich doch Bundesbürgerinnen und Bundesbürgern freudig zurufen: Machen wirs ihm nach![1]

*

Fast also schon hätte ich Ihnen dies geraten, fast, – wenn nicht –, ja, wenn nicht etwas Furchtbares dräute: Strafe! Für nicht oder unrichtig oder sogar: fahrlässig unrichtig ausgefüllte Volkszählungsbögen

---

1 „Ehrenwort!“

wird Zwangs- oder Bußgeld verlangt! Bis zu 10.000 D-Mark (West!)[1] muß einer berappen, der gar nicht oder unrichtig …

Nun wackelt mein Weltbild. Wir haben doch alle in der Schule gelernt, daß uns der Sozialismus das klein Häuschen rauben will – und plötzlich knabbert uns unser eigener Innenminister am Dachstuhl, wenn wir uns dem freiheitlichen Zwang nicht beugen wollen!

10.000 Eier für fahrlässig (!) unrichtige Antworten!! Logisches Problem dabei: Wie wollen die angesichts der oben dokumentierten Anonymität die falschen Antworten rauspulen und die Fahrlässig-falsch-Antworter belangen? Wahrscheinlich werden die die Bußgeldbescheide dann an Unbekannt adressieren. Das wird wohl kaum klappen. Ein Trost zwar, jedoch ein schwacher. Darum rate ich Ihnen angesichts des 10.000-Mark-Risikos: Machen Sie besser mit!

Machen Sie mit bei der Erhebung! Wenn nicht aus Einsicht – wer sieht das schon ein? – dann doch wegen der 10.000 Emmchen, aus Furcht vor Strafe, was das Edelste ist, wo der Bürger hat. Nehmen Sie teil an diesem widernatürlichen Akt der Selbstentblößung! Gönnen Sie Vater Staat auch einmal seine peep-show. Die Verwaltung braucht nun mal unsere Daten. Wollen ausgerechnet Sie fehlen? Stellen Sie sich einmal vor, wie schwierig es für die deutsche Reichsregierung gewesen wäre, gleich nach der Olympiade 1936 alle

---

1 *Nachtrag 2010: Veraltetes, 1987 regional noch allgemein angebetetes Zahlungsmittel, oft auch kurz DeEmm genannt, breitete sich nach 1989 auch auch die Sozial Bessergestellte Zone (BRD-amtl. Abk.: SBZ) und auf den Balkan aus, wurde 2002 für das gemeine Volk im Wert halbiert und in Euro umbenannt. Im nachfolgenden Text wird der Einfachheit halber weiter die Vokabel „Mark" beibehalten, die Preise sind ja längst auch 1 : 1.*

Juden in Deutschland vollständig zu erfassen, hätte sie nicht die Daten der vorausgegangenen Volkszählung zur Hand gehabt.

Machen Sie mit: es ist billiger – und sicherer. Schließlich hat der CDU-Abgeordnete Freiherr von Heeremann erklärt: „Sollen sie nur boykottieren! Dann haben wir sie alle aktenkundig.“

Deswegen auf zum Boykott-Boykott!

*

Überdies: Sie glauben gar nicht, welchen Spaß meine Beteiligungsmethode machen kann. Sie basiert auf zwei eisernen Prinzipien. Erstens sollten Sie beim Boykott-Boykott Ihre Rechte wahren. Das ist klar: ohne die Rechte läuft traditionsgemäß in unserem Staat nix. Zweitens: Ihre Antworten sollten genau sein, akribisch genau. Immerhin sind wir Deutsche, und der Kanzler muß schließlich wissen, wo in unseren Wohnungen die Lokusse stehen. Wie will er sonst richtig schön regieren?

*

Punkt 1, die Rechte. Seine Rechte zu wahren, das heißt zunächst einmal, keinen der Zählkellner in die Wohnung zu lassen. An der Tür darf so einer herumlungern – mehr aber nicht. Artikel 13 des Grundgesetzes: Unverletzlichkeit der Wohnung. Diese Möchtegern-Ausfrager haben ja keinen Haussuchungsbefehl, sind ja juristisch gesehen nicht mal Amtspersonen, geschweige denn, daß sie auch nur mit einer Armbinde uniformiert oder anderswie als gemeingefährlich kenntlich wären. Diese Leute sind nichts als entweder geltungssüchtige beziehungsweise neugierige Freiwillige oder zum Dienst gepreßte Erfüllungsgehilfen, Laufburschen im juristischen Sinne, oberflächlich angelernte Schickedanze bestenfalls. „Du, bring mal die Wische dorthin!“, mehr ist das juristisch nicht. Bringeboten.

Die gepreßten, die zwangsverpflichteten Zähler und Auflisterinnen sind arm dran. Das haben sie nun davon! Hätten sie sich doch freiwillig gemeldet: „Herr Amtsrat, darf ich mitzählen? Ich kann das prima, bin intelligent, zuverlässig, vor allem ein guter Beobachter, mir entgeht kein aus Mitleid noch so gut versteckter Asylant. Ich bin strebsam und ehrlich. Weil ich ehrlich bin, muß ich Ihnen allerdings auch zwei, drei kleine menschliche Schwächen gestehen: Ich bin von Natur aus schrecklich neugierig und dazu ein sogenanntes Plaudertäschchen, muß immer alles weitererzählen, kann nichts für mich behalten ... Das gilt übrigens auch für Akten, Papiere, Volkszählungsunterlagen und so... Ich verliere – das muß ich darüberhinaus zugegeben – häufig schon mal was, bin so ein richtiger oller Fluskopp. Aber sonst ... – Lassen Sie mich mitmachen! Ich platze vor Neugier!“ – hätten die armen Gepreßten sich solcherart freiwillig beworben, niemand hätte sie gezwungen. Sie sollen ja auch noch verschwiegen sein.

Die Zähler sind in juristischem Sinne also zu überhaupt nix und wieder nix befugt, Un-Amtspersonen. Wenn Ihnen so einer den Fuß in die Wohnungstür stellt, dürfen Sie drauftreten: Notwehr. Natürlich nur drinnen. Drinnen ist es Notwehr, draußen Terrorismus.

Also: ohne Haussuchungsbefehl kommt uns keiner rein! Wegen Rechte wahren. – Dann wäre mir das auch viel zu gefährlich. Ich habe kürzlich in der Zeitung gelesen, in einigen Gemeinden hätten die Zählknechte und Zählmägde, freiwillige wie gepreßte, kostenlose Judo-Kurse bekommen. Weiß ich, wie so jemand zählt, wenn er schwach in Kopfrechnen ist?

Und dann noch was: Da habe ich den Zeitungen unlängst noch etwas anderes entnommen: etwas geradezu Perverses. Da haben sich nämlich gewissenlose Saboteure gegen ein Handgeld in übler Absicht freiwillig zu den Zählern gemeldet, um die Zählung zu unterwandern, zu sabotieren. U-Booten gewissermaßen. Wenn da so einer kommt und sagt: „Ich bin der Zähler“, dem kann ich ja doch nicht an seinen hinterhältigen asiatischen Augenwinkeln ansehen, was da nu Sache ist. Da kommt so einer unter dem Vorwand, mich beraten zu wollen, mit rein in die Wohnung, überredet mich, zu boykottieren, haut ab, lacht sich ins geballte Fäustchen, und ich sitz da mit dem Bußgeld. Nee, das ist mir zu unsicher. Ich laß keinen rein.

Dann haben diese gottlosen Saboteure auch oft noch Komplizen. Da wird es dann besonders kriminell, da müssen Sie jetzt sehr gut aufpassen. Das geht nämlich dann so: Der U-Boote kommt mit harmlosem Augenaufschlag an die Tür: „Guten Tag, ich bringe den Volkszählungsbogen. Füllen Sie ihn in Ruhe aus. Er wird demnächst wieder abgeholt.“

Vier Tage später kommt ein anderer, der Komplize, sagt: „Guten Tag, ich komme den Volkszählungsbogen abholen.“ Dann geb ich ihm natürlich nichts Böses ahnend das Papier. Bei meinem Nachbarn dasselbe: „Guten Tag, ich komme den Volkszählungsbogen abholen.“ Der gibt ihm die Sachen natürlich auch. Beim Nachbarn meines Nachbarn dasselbe ... die ganze Blockseite.

Zwei Monate später kommt die Mahnung vom Amt ... Da haben die Saboteure den Scheiß natürlich längst im Stadtwald verbrannt.

Was denn jetzt? Da sehe ich aber alt aus und muß dem Amt erklären, daß ich einem Abholschwindler aufgesessen bin. Peinlich sowas – besonders weil ich gar keine Beweise dafür habe. Das ist ja so unglaubwürdig. Die müssen mir das aber trotzdem glauben. Wie gesagt: peinlich. Das wäre ja genauso peinlich, als wenn ich dem Zählemann an der Tür sagen würde: „Lassen Sie die Bögen hier, ich schicke sie mit der Post zurück!" Sowas darf ich machen. Nehmen wir nun aber mal an, ich würde das Zurückschicken vergessen oder – flusig wie ich bin – die Bögen statt in den Briefkasten versehentlich in die Mülltonne einwerfen, ohne auf die Leerungszeiten zu achten ..., und nach vier Wochen würde die Behörde mahnen; weil mich doch niemand zwingen kann, mich selbst öffentlich mit meiner Flusigkeit zu blamieren, würd´ ich dann natürlich sagen: „Ich hab´s schon abgeschickt." – Da hätte ich ja auch wieder überhaupt keinen Beweis, denn alles per Einschreiben abzuschicken, das können sie von mir doch nicht verlangen. Und so ein einfacher Brief kann schließlich auch mal verloren gehen. Man weiß doch, wie schlampig die Post heute ist. Also müßten sie mir auch wieder alles glauben, und die Sache finge wieder von vorne an. Das wäre zu peinlich. So darf man es nicht machen. Den Zählern nehme ich nichts ab. Da wahre ich meine Rechte. Aus Sicherheitsgründen.

*

Nun weiß die Zähl-Lassungs-Stelle natürlich nicht vorher, daß ich meine Rechte zu wahren gedenke und schickt infolgedessen einen Schergen los oder eine Schergin.

Es klingelt also. Nehmen wir nun mal an, ich wäre tatsächlich zu Hause, obgleich dies unwahrscheinlich ist, denn ich bin viel auf Tournee. Selbst jedoch, wenn ich ausnahmsweise mal nicht im Land toure: im Mai ist erfahrungsgemäß das Wetter schon ganz ordentlich, und ich bin nun mal ein Frischluftfanatiker, geh gern raus. Und im Stadtpark können mich die Zählknechte und -mägde schließlich nicht gut ansprechen, das würfe ja ein schiefes Licht auf sie.

Nehmen wir also an, ich wäre tatsächlich in jenen Tagen zu Hause, und ich hätte auch gerade nicht allzuviel Arbeit. – Bei mir ist es nämlich so: Wenn ich viel zu schreiben habe oder auch wenn ich nach anstrengendem Dichten ein wenig der verdienten Ruhe pflegen muß, stelle ich, um nicht gestört zu werden, die Türklingel ab. Oder ich reagiere einfach nicht aufs Läuten und vereinbare mit den verläßlichsten und vertrauenswürdigsten meiner Freunde für wirklich wichtige Fälle ein Klingelzeichen.

Nun ist die Erhebung zwar wirklich wichtig, aber die Sache hat einen Haken. Laut Verordnung – damit es anonym bleibt – soll mich der Zählmensch persönlich nicht kennen. Da kann ich ihn ja persönlich auch nicht kennen und kann ihm folglich auch das für wichtige Fälle vereinbarte Klingelzeichen nicht verraten …

Nehmen wir jedoch jetzt ruhig mal den unwahrscheinlichen Fall, daß ich zu Hause wäre, nichts Dringendes zu arbeiten hätte oder nicht gerade der Ruhe pflegen müßte, daß der Versucher zufällig das richtige Klingelzeichen erwischt hätte und daß ich tatsächlich die Tür öffnete – nehmen wir also an, diese mit einer Wahrscheinlichkeit von 1:39,8 Billionen belastete Situation träte tatsächlich ein, so würde sich das vermutlich so abspielen:

„Guten Tag, Deutsche Volkszählung. Nehmen Sie Zählhaltung an!“

Ich darauf nicht faul: „Es tut mir leid, aber Herr Kittner ist nicht da." Diese kleine Notlüge ist angesichts seiner Judokünste wohl erlaubt. – „Herr Kittner ist nicht da." – „*Meine* Frau auch nicht", kann ich ja nicht gut behaupten. Da würde der Typ doch das tun, was seines juristisch völlig haltlosen Amtes ist: Schöpferisch arbeiten, also Verdacht schöpfen.

Also sage ich: „Herr Kittner ist nicht da. *Frau* Kittner auch nicht. Und beide haben mir strikt verboten, von irgendwelchen zwielichtigen Gestalten an der Haustür etwas Schriftliches anzunehmen. Sie wissen doch, diese Haustürgeschäfte. Nachher hat man dann ein Zeitungsabo am Hals."

Da guckt der mich groß an und sagt: „Ja aber Sie sind doch Herr Kittner!"

„Ha!", sage ich: „Sie sollen mich doch persönlich nicht kennen. Da hauen Sie mal wieder ab!"

Da wär'er reingetappt in meine Falle, da müßte er dem Gesetz gehorchend sich seines Amtsweges trollen.

Nehmen wir mal an, er sei hartleibig, will dem Gesetz nicht gehorchen und sagt infolgedessen: „Also, Herr Kittner, ich muß Sie jetzt aufklären."

„Bitte, wenn Sie meinen, daß das in meinem Alter noch nötig ist ..." Ich will ihm ja nicht sagen, daß ich schon einen Sohn habe; um solche Erkenntnisse geht es ihm ja gerade.

Er nun aber weiter: „Ich muß Sie jetzt aufklären, Herr Kittner: laut Gesetz bin ich berechtigt, Ihnen an der Wohnungstür mündlich fünf Fragen zu stellen."

„Stimmt, das steht im Gesetz, das hab'ich auch gelesen. Sie sind tatsächlich berechtigt, mir an der Wohnungstür fünf Fragen mündlich zu stellen. Ich will da mal nicht so sein, bin ja liberal, – verzeihn

Sie das herbe Schimpfwort! Von mir aus dürfen Sie jede Frage sogar fünfmal stellen. Oder fünfmal fünfmal, ganz wie Sie wollen. Tun Sie sich keinen Zwang an! Fragen Sie ruhig! Manche Leute fragen ja gern. Ich geh mal so lang nach oben, zu Ende Abendbrot essen. In einer halben Stunde komm ich mal wieder runter, fragen, ob Sie fertig sind mit fragen. Wenn es Ihnen inzwischen langweilig wird, können Sie auch meinen Hund fragen, der ist antiautoritär erzogen, der empfindet das als Zuwendung. Fragen Sie vor sich hin, das ist Ihr gutes Recht, so steht es im Gesetz. Nicht im Gesetz steht allerdings, daß ich auch antworten müßte."

*

„Also, Herr Kittner, Spaß beiseite, Ernst Albrecht komm her, ich stelle Ihnen jetzt die erste Frage" – und er zieht den Degen:

„Wieviele Personen leben in Ihrem Haus?"

Ich sage: „Wann meinen Sie?"

„Nun", sagt er, „natürlich am Stichtag! Dem 25. Mai!"

„Ha!", sage ich, „das kann ich Ihnen doch heute am 18. Mai noch nicht sagen! Da kann schließlich noch soviel passieren bis dahin. Sie wollen mich wohl unglücklich machen?! Ich geh´doch nicht das Risiko einer falschen Antwort ein! Hinterher sage ich was Falsches und muß 10.000 Mark berappen! Was kann da bis zum 25. Mai nicht noch alles geschehen: Vielleicht brennt das Haus ab bis dahin, oder wir bekommen Ehekrach, und einer von uns zieht wütend aus. Da bin ich dann vielleicht die Frau los und muß noch 10.000 Mark hinterherwerfen! Nee, das Risiko ist mir zu groß. Außerdem: ich muß Ihnen doch wohl auch nicht sagen, ob einer von

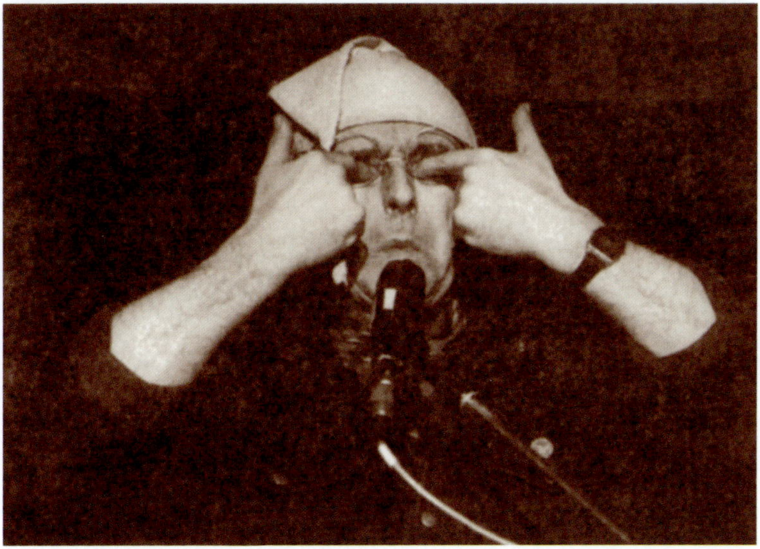

uns beiden schwanger ist und kurz vor der Niederkunft steht, so daß wir am 25. möglicherweise eine Person mehr sind. Da sag ich nix. Das ist Intimsphäre, das geht Sie einen feuchten Kehrricht an. – Nehmen Sie gefälligst Ihren bohrenden Blick von meinem Bauch! – Und überdies: selbst wenn ich Ihnen sagen würde, ob einer von uns beiden schwanger ist und kurz vor der Niederkunft steht, wäre es ja denkbar, daß wir unvermutet Drillinge bekommen. Da stimmte die Angabe schon wieder nicht mehr. Oder das Haus brennt ab, *und* wir kriegen Drillinge! Oder die Drillinge stecken das Haus in Brand. Ist ja alles denkbar. – Nee. Nee, das ist mir zu riskant …

Oder vielleich fügt es das Schicksal so, daß wir ausgerechnet am 25. Mai Besuch bekommen oder aus purer Barmherzigkeit einen müden, obdachlosen Wandersmann bei uns aufnehmen, – was dann?

Ich weiß ja auch nicht, was Gott der Herr noch so mit mir vorhat. Vielleicht ruft er mich noch vor dem Stichtag zu sich. Dann hab´ ich Ihnen leichtsinnig angegeben, hier lebten drei Leute, und es sind nur noch zwei! Ich sitz dann da oben und muß blechen. 10.000 Mark, soviel hat man doch nicht mit! Sie kennen wahrscheinlich den Spruch mit dem letzten Hemd. Ich bin doch kein Sterntaler. – Nee, nee, also …“ sag ich, „wenn Sie wissen wollen, was in einer Woche hier los ist, kann ich Ihnen gerne die Adresse einer Wahrsagerin aus der Zeitung suchen. – Oder kommen Sie direkt am 25. wieder, fünf Minuten vor zwölf nachts, da kann kaum noch was dazwischenkommen, und mir sind alle Daten auch noch relativ frisch in Erinnerung. – Oder kommen Sie halt am 26. oder 27., aber nicht zu spät, damit ich nicht inzwischen alles wieder vergessen habe. Kommen Sie nur! Vielleicht haben Sie ja Glück, und ich bin tatsächlich noch mal zu Hause.“

*

Langer Rede kurzer Sinn: ich will das postalisch abwickeln. Das ist unser gutes Recht, und das gilt es zu wahren. So sage ich es auch dem Knecht, und der läuft spornstreichs zu seiner Oberzählmeisterei: „Der Lump will die Bögen per Post.“ Und prompt schicken die ihre Drucksache ab.

Natürlich ist solch Verfahren nicht risikolos. Es gehen ja eben viele Sendungen verloren, ich muß gestehen: nicht nur bei der Post. Man kriegt doch heute so viele Werbedrucksachen, von Beate Uhse, von der katholischen Kirche, verbilligte Postwurfsendungen von den Neo-Nazis und was einem da sonst alles hochkommt. Da guckt man ja gar nicht mehr richtig hin. Die Sachen schmeißt man doch gleich in Bausch und hohem Bogen weg. – Und dann: Es wird ja heute so viel aus den Hausbriefkästen geklaut. Man hat doch schließlich Kriminelle im Haus! Oder unser Hund, der bringt immer die Post hoch: unglücklicherweise hat er einen Mordsrochus auf Amtspapier. Wenn er das riecht ...! Dazu wedelt er noch heimtückisch mit dem Schwanz. Ich kenn´ das autonome Luder!

*

Es kann also lange dauern mit der Post. Aber irgendwann kommt dann – eine Zustellungsurkunde. Die hab´ ich vielleicht, sagen wir mal, am 3. Juni. Nun – so steht es drauf – habe ich erstmal sechs Tage Frist, sozusagen Bogenfrist, die Sendung bei der Post abzuholen. Diese Bedenkzeit benötige ich auch, um erstmal drei Tage ausgiebig mit der ganzen Familie zu diskutieren, ob wir mitmachen und so das Risiko der 10.000 Märker eingehen wollen. Dabei wird uns klar: wir müssen! Infolgedessen lassen wir jetzt das eingangs kurz angespielte Sicherheitsprinzip der absoluten Genauigkeit greifen.

Am 9. Juni geh ich freudig zur Post hin und hol die Sachen ab. Natürlich stecke ich die Bögen gut gefaltet in die Brieftasche, damit so ein Amtspapier im Werte von 10.000 DM nicht verloren geht. Dann gehe ich nach Hause und setze mich an den Tisch und fang auch gleich an. Als erstes lese ich da vielleicht – ich weiß ja noch nicht genau, was drinsteht, aber möglich wär's doch –: man soll die

„Bögen nicht knicken",

weil sonst die Computer geknickt sind.

Ach du Scheiße![1] Was kostet es denn, das Amtspapier versehentlich fahrlässig zu knicken? 5.000 Mark? – Was mach ich denn jetzt ... Bügeln? Ich kann doch an ein Amtspapier nicht mit elektrischem Strom rangehen. Dazu bin ich gar nicht befugt! Da darf doch nur ein Amtsbügeleisen ran. Was mach ich?

Erstmal drei Tage mit der Familie diskutieren. Das Recht steht mir zu, das sieht später jeder Richter ein. Und dann schreib ich einen Brief. Einschreiben/Rückschein:

„Wertes Amt,

natürlich nehme ich an Ihrer nationalen Volkserhebung teil, teils um dem Gesetz genüge zu tun, teils aus Furcht vor Strafe, was das Edelste ist, wo ich besitze. Ich möchte jedoch, und dafür haben Sie sicher Verständnis, angesichts der Strafdrohung von 10 000 Mark nichts falsch machen. Es ist ja mein Risiko. Leider ist dieser Bogen, den ich Ihnen hiermit zurückschicke, geknickt angekommen ..."

---

1 *Nachtrag 2010: Ächt ätzend!*

Man will ja nicht zugeben, daß man selber so ein Trottel war. Vielleicht schreib ich es auch so:

„So genau weiß ich auch nicht mehr, wie es passiert ist. Möglicherweise hab´ ich selbst ihn aus Freude darüber, daß der Bogen endlich da war, geknickt, oder um ihn sicher in der Brieftasche aufzubewahren; oder es war unser Hund, Sie wissen schon, der alternative; oder unser Zusteller, der knickt immer alles, ein richtiger Knicker … Leider ist es jetzt passiert und nicht mehr zu ändern. Es tut mir leid; bin ja nicht knickerig, aber das Strafrisiko von 10 000 Mark geht über meine finanziellen Möglichkeiten, und weil ich kein Risiko eingehen will, sende ich Ihnen den Bogen hiermit vorsorglich zurück. Bitte schicken Sie mir einen neuen ungeknickten solchen, dann fange ich auch gleich mit der Bearbeitung an. – Mit dem Ausdruck des tiefsten Bedauerns

Ihr tiefgeknickter Kittner“

Immer noch billiger als 10.000 Mark.

Nach vier bis sechs Wochen krieg ich eine neue – Zustellungsurkunde. Sonst – Sie wissen schon – kommt bei mir ja selten etwas an. Sechs Tage Frist – dann: Hol dir deinen Bogen! Den werde ich nun aber nicht mehr knicken. Jetzt weiß ich es ja.

Weil es inzwischen doch schon etwas spät, nämlich Hochsommer ist, geh ich natürlich auch sofort ran. Jetzt lese ich zu meinem jähen Schrecken – bisher war ich doch des Knickens wegen noch nicht bis an diese Stelle vorgedrungen: man soll die Bögen nur und

„ausschließlich mit schwarzem Bleistift ausfüllen“.

Unglücklicherweise besitze ich jedoch keinen schwarzen Bleistift! Das ist wirklich wahr, ich lüge nicht! Ich befinde mich da in einem persönlichen Engpaß. Ausschließlich Füllfederhalter,

Kugelschreiber, Filzstifte, Gelschreiber darf ich mein eigen nennen. Wasserfarben hab´ ich übrigens auch, aber ich kann ihn ja nicht zustreichen, den Bogen, das wäre unseriös. Was mach ich jetzt?

Na, erstmal drei Tage mit der Familie diskutieren. – Ob nicht doch einer einen schwarzen Bleistift hat. Und dann schreibe ich wieder einen Brief, Einschreiben/Rückschein:

„Liebes Amt,

Sie wissen ja nun schon, daß ich bei Ihnen mitmache, teils dem Gesetz gehorchend, teils siehe oben. Leider hat sich angesichts der hohen Strafdrohung von 10.000 Mark ein neues Problem ergeben. Bitte beantworten Sie mir meine Frage schriftlich …"

Fernmündlich geht das auch nicht, da haste ja gar keinen Beleg. Hinterher ruft noch einer an und schwätzet: „Ha noi, füllet´se halt aus wie´s wollet." Oder: „Da schmeißetse ´s Bögele ebbe oifach uf d´r Müll!" – So einer kann ja durchs Telefon nicht mal seinen Dienstausweis vorzeigen. Außerdem kann das jeder sagen. Und den Dialekt verstehe ich ohnehin nicht. Nee, das wäre zu riskant. Angesichts der Strafdrohung von 10.000 Mark – die hier, nebenbei bemerkt, zum Bumerang wird – möchte man das doch schriftlich bei den Akten haben. Dafür hat später jeder Richter Verständnis. Ich schildere also mein Problem:

„Leider besitze ich entgegen Ihrer Forderung keinen schwarzen Bleistift. Bitte teilen Sie mir doch schriftlich mit, ob ich als Bundesbürger gesetzlich verpflichtet bin, einen schwarzen Bleistift zu besitzen. Nennen Sie mir ggf. bitte das Gesetz oder den einschlägigen Grundgesetzartikel, der solches verbindlich vorschreibt. Ich würde mir dann selbstverständlich sofort das vorgeschriebene Utensil besorgen. Würden Sie ggf. einen Bundeszuschuß zur Anschaffung eines schwarzen Bleistifts gewähren? Oder könnten Sie vielleicht in einer

kurzen unbürokratischen Hilfsaktion ein Amtsexemplar leihweise auf den postalischen Weg bringen? Es kommt auch garantiert wieder angespitzt zurück …"

Und dann schreibe ich noch darunter:

„Wichtiger Terminhinweis: Bitte beeilen Sie sich mit der Antwort; meine Frau und ich wollen in vier Tagen in den Urlaub fahren. Gern würden wir die schönsten Wochen des Jahres ungetrübt verbringen und die Quälung folglich hinter uns gebracht haben. Im übrigen sind Sie ja wohl auch allmählich unter Zeitdruck, gelle?"

Einschreiben/Rückschein.

Wenn nach zwei Tagen keine Antwort da ist beziehungsweise keine Zustellungsurkunde – was dann? – In Urlaub fahren? Wer war das? – Du Anarcho!

Ich schreib natürlich einen Mahnbrief, per Eilboten/Einschreiben/Rückschein:

„Bitte beeilen Sie sich gefälligst! Sie gefährden den Erfolg der Volkszählung!"

Ich könnte ihnen wegen ihrer Schlamperei vielleicht auch ein Zwangsgeld androhen. *„Wenn Sie nicht binnen …"* – Wurst wider Wurst. Wer viel fragt, muß sich auch viel sagen lassen. So. – Jetzt erst fahren wir beruhigt in den Urlaub.

*

Im Herbst krieg ich dann sicher irgendwie Antwort – Zustellungsurkunde, sechs Tage Bogenfrist – vermutlich werden sie mir mitteilen, daß ich dann eben einen blauen Stift nehmen soll, und dann, dann geh ich auch sofort ran! – Aber was red ich denn da? Ich geh ran? Wieso ausgerechnet ich? Was soll denn das? Wer von uns muß denn sowas ausfüllen? Wie ist es denn bei Ehen? Bei eheähnlichen Lebensgemeinschaften, im „Konkubinätle“, wie der Schwabe sagt? Wie ist es denn bei WGs, bei Wohngemeinschaften, wo sowieso alle von einem Tisch fressen? Wer muß denn das nun ausfüllen?

„Der Haushaltungsvorstand“,

wie das Amt zu formulieren beliebt? Sowas gibt's doch gar nicht mehr bei uns. Wir haben Gleichberechtigung. Beim Kaiser gab´s das mal, beim Hitler verschärft; aber heute –, heute gibt's das nicht mehr; es steht so nicht im Gesetz. In der Verfassung steht vielmehr drin: „Männer und Frauen sind gleichverdächtig“ oder so ähnlich. Da müßte es doch wenigstens heißen: „Haushaltungsvorständin und -vorstand.“

Die Christel und ich, zum Beispiel, wir hatten längst Silberhochzeit, haben uns aber nie einen Haushaltungsvorstand geleistet. Das ist doch auch viel zu teuer. Außerdem, was sollen wir denn mit jemandem Dritten? – Nein, wir lehnen HaushaltungsvorständInnen aus grundsätzlichen Erwägungen ab! Wenn wir interne Probleme haben, dann tauschen wir uns aus, diskutieren, erwägen und stimmen schließlich ab. Bei Stimmengleichheit würfeln wir es aus. Nur kann man ja eine so seriöse Sache wie die Volkszählung nicht gut auswürfeln. Nee, nee, ein ernstes Problem: wer soll die Bögen also ausfüllen?

Es gibt ja zum Beispiel auch Familien, die sind etwas autoritär veranlagt, da herrscht Konkurrenzdenken, da toben Machtkämpfe, da möchte jeder gern selber ausfüllen, gönnt diese Ehre dem anderen nicht, möchte gern selbst Haushaltungsvorstand sein. Was machen die denn?

Oder wie steht es mit der Sippenhaftung? Wenn ich falsch ausfülle, muß meine Frau dann für mich berappen, oder wenn meine Frau falsch ausfüllt, muß ich sie dann übers Knie legen, weil ich sie schlecht erzogen habe? Eine große Verantwortung. Wer haftet bei Bußgeld? Wie ist denn das mit der Gleichberechtigung? Das sind Probleme! Was machen wir jetzt?

Na klar: erstmal drei Tage mit der Familie diskutieren. Nein, bei der Schwere des Problems: vier Tage. Wir lernen's schon noch. Und dann machen wir was? – Wir schreiben einen Brief? – Falsch! Wir schreiben *jeder* einen Brief, wegen der Gleichberechtigung.

Merken Sie? Jetzt kriegt die Sache Breite. Besonders bei WG's. Wir schreiben also jeder einen Brief, erklären, daß wir selbstverständlich, teils deswegen und teils diesetwegen, immer noch gern mitmachen, schildern unser jeweiliges Problem und bitten um – angesichts der Bußgelddrohung schriftliche! – Lösung desselben.

Pünktlich zum Buß- und Bettag können wir dann wohl mit den Antworten rechnen beziehungsweise erstmal mit den Zustellungsurkunden. – Es gibt jetzt zwei Möglichkeiten: Entweder sie machen einen von uns brieflich zum kommissarischen Zwangshaushaltsvorstand, der soll dann den anderen in staatlichem Auftrag treten. – Dagegen kannste klagen wegen: Gleichheitsgrundsatz. Verwaltungsgericht zweieinhalb Jahre, aufschiebende Wirkung. Eventuell mehrere Instanzen: bis zum Bundesverfassungsgericht! Das ist doch schließlich eine Grundsatzfrage! Unabsehbare Konsequenzen! Wer darf – oder muß – ausfüllen?

*

Da die Behörde das aber wohl weiß, wird sie clever sein wollen – sie versuchen es immer wieder: vergeblich – und schickt *jedem* von uns jetzt einen Haushaltsbogen. – Ha! Da fangen die Probleme doch erst richtig an! Wir bewohnen eine gemeinsame Wohnung, und wenn jetzt jeder einen eigenen Haushaltsbogen ausfüllt, dann sind es statistisch plötzlich zwei Wohnungen; überlegen Sie mal, was das bei siebenköpfigen WG's bedeutet! Sieben anonyme Bögen – es darf ja nicht abgeglichen werden – heißt sieben Haushalte. Das ist statistischer Wohnungsbau! Aus eins mach sieben! Mein lieber Mann, so kann ich die Wohnungsnot auch beseitigen!

Oder: Weil wir gemeinsam eine Wohnung nutzen, sollen wir sie halbieren? Da hätten wir plötzlich viel mehr Räume unter sechs qm, nach denen doch ausdrücklich gefragt wird. Oder, wer darf das Klo bei sich draufschreiben, wer die Küche? Oder hat dann jeder nur ein halbes Klo, eine halbe Küche? Oder muß der eine in die Küche scheißen, der andere im Klo kochen ... Dürfen wir gemeinsam unter die Dusche? Das sind doch Probleme ...

Zählt die Garage zum Wohnraum? Vielen Leuten ist das Auto ja ihr liebstes Kind, wo sie haben.

Solche Fragen muß man sofort klären. Schriftlich! Zustellungsurkunde. Bogenfrist. Familienrat. Sie wissen schon. Bei der allerkleinsten, bei der geringsten Unklarheit würde ich sofort nachfragen.

*

Angesichts von 10.000 Mark Bußgeldrisiko können die albernsten Dinge zum schwerwiegenden Problem werden.

Etwa: Besitzen Sie einen

„Raum unter sechs qm?“

Na? – Wissen sie das genau? Sie können doch nicht einfach dem Vermieter trauen! Der kann Sie doch in Grund und Boden kann der Sie doch … Oder haftet der vielleicht für Ihre fahrlässig unrichtigen Angaben? Sie können doch nicht einfach hinschreiben „90 qm“ und dann sind es nur 88! Überlegen Sie mal: Wenn jeder der etwa 60 Millionen Ausgeforschten sich genauso hochstaplerisch zwei qm dazuschummelte, dann wären das 120 Quadratkilometer Wohnraum! Da geht doch die ganze Zählung in den Eimer. Also: verantwortungsbewußt nachfragen! Schriftlich! – Haben Sie überhaupt einen geeichten Zollstock? Wenn Sie sich um 40 qcm fahrlässig vermessen, schon ist die Eigentumswohnung in Gefahr!

Wie lautet der Erhebungswerbeslogan:

„Zehn Minuten, die sich lohnen.“

– von wegen! Drei Tage robbst Du mit dem Zollstock durch die Wohnung!

Manch einer nimmt sich ja auch mal Arbeit mit nach Haus. Wie ist es denn da mit der Berufslektüre abends vorm Einschlafen im Bett? Muß das Schlafzimmer dann als teilgewerblich genutzt betrachtet werden? In steuerlicher Sicht schon, aber wie verhält es sich da unter volkszählerischen Aspekten? – Teilgewerblich! Meine Frau würde sich schön verwahren.

*

Mein persönliches Problem ist zum Beispiel auch der

„Weg zur Arbeitsstelle“.

Mal spiele ich in Basel, das sind 700 Kilometer, mal in Helsinki, sind 1.000, mal in Hameln, 30 km, mal in Passau. Von meiner Wohnung zu meinem Theater sind es sechs-Komma-vier Kilometer. Was soll ich denn da machen? Ich absolviere jährlich 230 Vorstellungen in 135 verschiedenen Gastspielorten mit jeweils verschiedenen Entfernungen. Das wird ein mathematisches Problem von Graden – Kombinatorik, viertes Semester Mathematik. Soll ich das arithmetische Mittel ziehen? Oder mich in die Spalte

„nicht-seßhaft“

eintragen? – Andererseits: von meinem Wohnzimmer zu meinem Schreibzimmer sind es zwei Meter neunzig in der Senkrechten; da genügt ja nicht mal mehr das arithmetische Mittel, da müßte ich eine perspektivische maßstabgerechte Zeichnung erstellen. –

Sie, ich war in Mathematik nie sehr gut, das kann ich beweisen. Da müßte ich dann wohl schriftlich um Fristverlängerung bitten. Oder einen Bundeszuschuß für einen Computer beantragen …

*

Leute, ich kann nur empfehlen: in Eurem eigenen Interesse, denkt an Euer spärliches Geld! – Fragt nach, wenn Probleme auftauchen! Niemand ist ohne.

Manche Familien wissen beispielsweise ja gar nicht genau, wer so noch alles dazugehört. Solche Fälle gibt's doch, oder? Mein Sohn bringt gern Schulfreunde mit zum Essen, manche fahren auch mal mit in den Urlaub oder bleiben am Wochenende über Nacht. Die gehören, wie man so sagt, direkt schon zur Familie. Soll ich die jetzt mitzählen? Oder soll ich herausfinden, ob sie prozentual gesehen mehr bei ihren leiblichen Eltern speisen oder mehr bei uns mampfen?

Unser Sohn lebt gelegentlich, wenn wir auf Tour zwischen Amsterdam und Zürich arbeiten, bei der Oma. Wer muß ihn nun mitzählen? Meine Mutter oder wir? So viele Fragen, so viele Antworten.

Ich habe Ihnen das so ausführlich geschildert, damit Sie Ihre Probleme auch mal richtig ausloten können. Es läßt sich ja niemand so einfach über den Volkszählungsleisten schlagen. Wir sind doch irgendwie noch Individuen. Prüfen Sie sich genau, und wenn Sie dann auf eine Unklarheit stoßen, und sei es auch nur, wie der Hobbykeller einzuschätzen ist, fragen Sie nach! Schön nacheinander, so wie die Probleme ja auch nacheinander auftauchen. Und verlangen Sie genaue schriftliche Antwort! Sie tragen schließlich das 10.000-Mark-Risiko! Und der Behörde ihrerseits wird es auch gut tun, mal ein wenig Bürgernähe zu demonstrieren.

*

Ein Staat, der von seinen Bürgerinnen und Bürgern unter Strafandrohung penibel konkrete Antworten erwartet, muß deren sachbezogene Fragen auch seinerseits auf den Einzelfall zugeschnitten irrtumssicher bescheiden. Dafür hat später jeder Richter Verständnis.

Ich gebe zu, meine Methode zur risikolosen Erzielung von Volkszählungsergebnissen ist zeitaufwendig. Und wenn Sie dann irgendwann in der Zeitung lesen sollten, die Volkszählung sei jetzt vorbei, müssen Sie wieder einen Brief schreiben: ob sie noch weitermachen sollen. Vielleicht fehlen denen ja gerade noch Ihre Daten. Natürlich

H-NW 311

stellt sich unser Verfahren auch ein wenig portointensiv, besonders für den Staat. Jede Zustellungsurkunde kostet ihn immerhin DM 5,00, und mancher rückfragende Ausgefragte wird im Laufe der Monate zehn oder zwölf dieser Urkunden benötigen. Aber es geht nun mal um genaue Ergebnisse. Ich finde, die sollten der Bundesregierung mehr wert sein, als die ewige blöde Hochrüsterei. Ich sehe auch die große Gefahr, daß gewissenlose Boykotteure und Boykotteurinnen meine Genauigkeitsmethode nachahmen oder mißbrauchen könnten zur straflosen Durchführung eines weichen Boykotts. Ich sehe diese Gefahr, ich bin ja nicht naiv. Aber was bedeutet diese Gefahr schon gegen die viel größere Gefahr, daß wir andernfalls ein Volk von Vorbestraften, weil unrichtig Antwortenden, werden.

*

Und dann hätte eine massenhafte Boykottiererei ja durchaus auch positive Aspekte für Vater und Mutter Staat beziehungsweise für deren Kasse. Der Innenminister rechnet offiziell mit zehn Prozent Boykotteuren, das wären sechs Millionen potentieller Bußgeldzahler, im günstigsten Falle DM 10.000,–. Der Finanzminister reibt sich schon geil die Hände: 80 Milliarden!!! Endlich wäre sein Haushalt saniert!

Allerdings hat die Sache wieder einen Haken. Es ist ja klar, daß jeder einzelne weiche oder harte Boykotteur, sobald er sein verdientes Bußgeld zudiktiert erhält, flugs Einspruch einlegen und eine mündliche Hauptverhandlung verlangen wird, so, wie es sein gutes Recht ist. Voraussetzung für die Haushaltssanierung wäre, daß unsere Justiz es schaffen würde, innerhalb der gesetzlich vorgeschriebenen Verjährungsfrist von sechs Monaten sechs Millionen mündlicher Hauptverhandlungen durchzuführen. Da bin ich skeptisch. Es sei denn, sie verlängerten die Verjährungsfrist per Gesetz auf etwa 80.000 Jahre, dann könnte es gehen.

Wahrscheinlicher scheint mir, daß die Volkszähl- und Zuchtmeister, sollte sich die hier von mir vorgetragene Zählbogenbearbeitungsweise in größerem Maßstab durchsetzen, schnell noch ein Gesetz durchpeitschen, wonach mit Bußgeld belegt wird, wer sich allzusehr bemüht, die Fragen genau zu beantworten. Zuzutrauen wär's ihnen.

Dann müßten wir alle notgedrungen wieder versuchen, gesetzestreu zu handeln und die gestellten Fragen nach Möglichkeit keinesfalls allzu genau zu beantworten, welches Bemühen dann jedoch bedauerlicherweise zu ähnlich katastrophalen Ergebnissen führen müßte wie in den Niederlanden. Die hatten bei ihrer letzten Volkszählung – es war wirklich ihre letzte! – die haben zumindest laut ihrer letzten Volkszählung tatsächlich 240.000 vierjährige, verheiratete, katholische Priesterinnen! Es ist ja nicht der Sinn einer Zählung, Phantasieergebnisse zu erzielen, nur um damit der katholischen Kirche ein wenig über ihren gegenwärtigen Frust hinwegzuhelfen!

*

Also machen Sie es genau! Ganz genau!! Und welches Erfolgserlebnis doch auch, wenn Sie dann nach ca. zweieinhalb Jahren einen wirklich perfekt ausgefüllten Bogen in den Händen halten. Sie müssen dann bloß aufpassen, daß Sie in der berechtigten Freude darüber – „Guck mal Klothilde, ich hab's geschafft!" – nicht beim Frühstück das Honigglas darüberkippen. Sowas kommt ja statistisch gesehen in jeder bundesdeutschen Familie alle zweieinhalb Jahre einmal vor.

Ich bestehe auch nicht auf Honig, es kann genauso gut Sirup sein. Ich persönlich bin Künstler, ich nehme Kunsthonig zu mir.

Logische Konsequenz aus dem Unfall? – Erstmal vier Tage mit der Familie diskutieren, dann per Einschreiben/Rückschein den Bogen zurückschicken, als Päckchen – denn in einen Briefumschlag paßt der zerknautschte, klebrige, unleserliche Papierball nicht mehr – und um Zusendung eines neuen druckfrischen solchen bitten, dazu versprechen, auch sofort wieder von vorne anzufangen. Es empfiehlt sich vielleicht dabei denn doch, mit der Behörde einen neuen Stichtag zu vereinbaren, denn nicht nur ein Minister besitzt das verbriefte Recht auf Erinnerungslücken.

Voll Stolz darf ich Ihnen heute jedenfalls erklären: wenn Sie sich an mein Modell halten, aufopfernd, korrekt, ordentlich und genau, dann werden Sie sich vermutlich den wenigen denkenden Zeitgenossen zurechnen dürfen, die diesen Volkszählung genannten Blödsinn straflos überstehen.

*

Und noch ein letzter gemeinnütziger Aspekt: Wenn wir mal voraussetzen, daß allein in einer Stadt schon 50 solcherart strikt rückfragende Bürgerinnen und Bürger einen Beamten ganzjährig in Atem und damit in Lohn und Brot halten können … Sie, das schafft doch Arbeitsplätze!!!

Da haben meine Kollegen von der Mainzer Staatsanwaltschaft … – Doch: auch ich habe Jura studiert und bin danach Komiker geworden. – Meine Kollegen von der Mainzer Staatsanwaltschaft also haben jetzt herausgefunden: Obgleich im Gesetz steht, Boykott sei ist Boykott eben doch eine Straftat! Nein heißt ja. Da muß man aber erstmal drauf kommen! Ich wollte meine Kollegen schon zum Kleinkunstpreis vorschlagen – Fachsparte Absurdsatire.

Natürlich haben die Mainzer Narren ihre Posse auch begründet, sie haben gesagt, an sich steht ja tatsächlich im Gesetz, Boykott sei keine Straftat. – Immerhin: Sie können noch lesen. Das gibt Hoffnung! – Andererseits jedoch hat die Staatsanwaltschaft gewissenlose Haderlumpen entdeckt, Boykotteure – wissen Sie, was die machen? Die schneiden (!) asiatischen Blicks (!!) mit der Schere, einem gefährlichen Tatwerkzeug, das ihnen selbstverständlich die Stasi geliefert hat (!!!), von ihrem Bogen, um ihn wirklich zuverlässig zu anonymisieren – Halt! Da haben meine Kollegen von der Mainzer Surrealismusfraktion den entscheidenden juristischen Denkfehler entdeckt: Der Bogen gehört ja überhaupt nicht den Boykotteuren! Das ist gar nicht *ihr* Bogen! Der Bogen gehört nämlich meinem Papa, Vater Staat.

Und diese Boykotteure also säbeln nun heimtückischen Blicks von meines Papas Bogen – den ich ja beispielsweise später auch mal erben könnte! – nichtsnutzig die Nummer ab, damit der Bogen auch wirklich anonym wird. Das ist er dann ja auch. Zugleich jedoch ist damit ein Straftatbestand erfüllt, nämlich der der … na? Da kommen Sie nie drauf! – Der Straftatbestand der Sachbeschädigung!!!

Das haut Sie um, was? Nein? Dann würde das auch nur beweisen, daß Juristen einen noch so gewaltigen Blödsinn ausbraten können, irgendwer verinnerlicht das auch noch.

Sie, die das da allen Ernstes als Sachbeschädigung verfolgen, diese Staatsanwältinnen und Staatsanwälte, das sind erwachsene

Menschen mit dem zweiten juristischen Staatsexamen! – Das hab´ ich zwar nicht, aber in juristischer Logik bin ich als Satiriker denen dann doch allemal über. Beweisbar.

Ich meine, wenn schon blöd, dann aber bitte auch richtig, konsequent! Dann war es ja nicht nur Sachbeschädigung! Dann war es mindestens Sachbeschädigung in Tateinheit mit Unterschlagung!! Die Boykotteure behalten die Schnipsel ja auch noch.

Sie können diese juristische Logik selbst überprüfen: Vorhin an der Kasse haben Sie sich – hoffentlich! – alle eine Eintrittskarte gekauft, die ist dann, juristisch gesehen, in Ihren Besitz … – nein, mehr noch: in Ihr Eigentum übergegangen. Dann haben Sie sich mit Ihrem Eigentum auf den Saaleingang zubewegt, und da stand eine junge Frau, was hat die mit Ihrem Eigentum gemacht? Sie hat die Ecke abgerissen! Vielleicht möchte mal jemand Strafanzeige gegen unsere Platzanweiserin erstatten? Da müssen Sie nur nach Mainz gehen oder nach Memmingen, da finden Sie immer einen Staatsanwalt, der das auch noch macht!

Lachen Sie nicht! Die meinen es ernst. Deutsche Gerichte haben inzwischen die Mainzer Komiker bestätigt. Ich habe meine Konsequenz daraus gezogen:

Wenn ich jetzt nach Hause komme und sollte dort wirklich eine Zustellungsurkunde finden, und ich sollte mich dann entschließen zu boykottieren, was ich ja jetzt noch nicht sagen kann, weil ich mir das erst mal drei Tage überlegen muß – ich wüßte dann, was ich zu tun hätte: Ich würde die Nummer abbeißen, dann wäre es nur noch Mundraub.

Eene, meene, muh, und raus bist Du …

(Tatsachenbericht)

Nun muß ich noch erzählen, wie es mir mit der verstehenden Theorie in der Praxis ergangen ist. Mich persönlich haben sie erstmal auf Verdacht gespeichert. In Baden-Württemberg nämlich, so stand es in der Zeitung, hat man alle Leute, die sich öffentlich gegen eine Erhebung (.) ausgesprochen hatten, flugs in den Computer getan. Darunter sei sogar ein Volkszählungs*befürworter* gewesen. Das war sicherlich ich.

Im Schwäbischen nämlich, in Weingarten bei Ravensburg, hatte mir der Oberbürgermeister den Auftritt verbieten wollen. Vermutlich aus Gründen der Meinungsfreiheit.

„Ruft denn der Herr Kittner dazu auf, die Volkszählung zu boykottieren?“ fragten die von uns bemühten Verwaltungsrichter.

„Nein, nicht direkt …“, druckste die Gegenseite.

Und der treue Roland, so hieß mein Veranstalter tatsächlich, schob wahrheitsgemäß nach: „Herr Kittner hat mir versichert, daß er im Gegenteil die wörtliche Formulierung ‚Machen Sie mit!‘ benutze und rate, den Bogen aufgrund der rechtlichen Konsequenzen besonders genau auszufüllen. Allerdings würde er allen Befragten auch empfehlen, ihre Rechte zu wahren.“

*

Dagegen hatten die Richter nichts einzuwenden, und so kam die Vorstellung doch zustande und ich als einziger Befürworter in die Zählungsgegner-Kartei.

Natürlich sprach sich die Sache herum und so gab es bald eine kaum zu befriedigende Nachfrage nach dem Text des Programms.

Manche Leute hatte das Bedürfnis, meine Volkszählungsgebrauchsanleitung im Wortlaut zu besitzen, augenscheinlich sogar zu ungesetzlichen Handlungen, ja Verbrechen getrieben. Jedenfalls wurden wir bald Opfer eines Einbruchs in unser hannöversches Theater. Um genau zu sein, wir selbst hatten den Einbruch gar nicht entdeckt, nur der Kriminalpolizei war er wohl aufgefallen, denn eines schönen Tages standen wir vor der Bürotür unseres *tak*, und der Schlüssel paßte nicht!!! Dafür hing da ein Zettel: „Sie hatten einen Einbruch. Wir haben die Räume gesichert und ein neues Schloß eingesetzt. Den neuen Schlüssel können Sie beim neunten Polizeirevier abholen. – Ihre Kripo."

Dank solcher Fürsorge konnten wir denn doch ins eigene Haus und durften feststellen, daß wir es mit außerordentlich solidarischen Einbrechern zu tun gehabt hatten. Offen auf dem Bürotisch liegende Sammelgelder für die Südafrikanische Befreiungsbewegung hatten sie unangetastet gelassen. Der wesentliche Teil des Diebesgutes bestand in Ton- und Videocassetten mit privaten Mitschnitten des Programms „Der Widerspenstigen Zählung", das bis dahin – genauer: bis heute – nicht auf Tonträgern zu haben war. Kunstdiebe also! Soweit hatte meine Fans ihre Leidenschaft getrieben! Eigentlich kann ich stolz darauf sein.

THEATER AM KÜCHENGARTEN
tak
KITTNERS KRITISCHES KABARETT
17.(6.) SPIELZEIT 13.12.91 - 24.4.92
DIETRICH KITTNER
über 200 Mal!

Einen offiziellen Bericht über die „Entdeckung“ des Einbruchs und die „Sicherung des Tatorts“ habe ich trotz Drängens von der Kripo nie erhalten, geschweige denn über Eröffnung eines Ermittlungsverfahrens gegen Unbekannt wegen des Offizialdelikts Einbruch. Erst nach wochenlangem Insistieren schickte man mir einen maßstabgetreuen akribischen Grundriß unseres Theaters inklusive Büro, Küche, Regieraum, WCs, Garderobe, Kasse und Gästewohnung. Das alles kannten wir natürlich schon genau, aber immerhin ein lieber Service. Jetzt wußten wir endlich, was wir gebaut hatten. Auffällige Positionen von Wanzen waren nicht eingezeichnet. Wir sind ja reinliche Leute.

*

Weniger begeistert zeigte sich der Programmdirektor von „Radio Bremen“. Die Redaktion der als einigermaßen kritisch bekannten Fernsehshow EXTRA-TOUR hatte mich gebeten, „Der Widerspenstigen Zählung“ auf einen Sechs-Minuten-Spot zu komprimieren und mit dieser Intensivfassung in der Sendung aufzutreten. Mit Freuden hatte ich angenommen. Die Sache konnte leider nicht live über den Sender gehen, sondern mußte einen Tag vorproduziert werden, weil der Sendetermin mit der für diesen Abend bereits ausverkauften und nicht mehr absetzbaren Vorstellung in meinem Theater kollidierte.

Mit den Kollegen Geyer und Berg von Radio Bremen als EXTRA-TOUR-Reportern spielten wir deshalb mit viel Hingabe vor der Kamera die Befragungsszene an einer Bremer Haustür nach. Den Kompress hatte ich natürlich besonders pointenprall gestaltet und – um keine Beschneidungsvorwände zu liefern – auf genau 360

Sekunden ausgestoppt, nicht 361, aber auch nicht 359. Zudem agierten wir – aus Erfahrung gewitzt – bei der Aufnahme bewußt so, daß spätere Schnitte unmöglich werden müßten. Alles lief wie erhofft: die Zeit stimmte und die Gags funkelten. Versteht sich, daß wir den Spott-Spot nicht nur stolz, sondern auch unbesorgt ablieferten.

Als ich am Sendeabend nach der Vorstellung im Theater unsere Küchenbelegschaft – natürlich hatte sie den TV-Auftritt geschlossen begutachtet – fragte: „Na, hat es euch gefallen?", schlug mir helle Empörung entgegen: „Du wirst dich ganz schön ärgern."

„Abgesetzt?"

„Nein, aber ..." Dunkle Andeutungen. Trostworte.

Zuhause am Video sah ich die Bescherung: Eine glatte Fälschung! Anderntags erfuhr ich am Telefon von der Redaktion, was geschehen war.

Weil es in der voraufgegangenen EXTRA-TOUR-Sendung vor laufenden Kameras zu einem zensurbedingten Eklat mit den Kabarettkollegen *„Die drei Tornados"* gekommen war, hatte sich Radio Bremens Fernseh-Programmdirektor den Kittner-Beitrag vor der Sendung abspielen lassen. Obrigkeitliches Verdikt: „Das kann man nicht senden. Das ist ja ein Ratgeber: Wie boykottiere ich die Volkszählung straflos!" Auch der Hinweis der Redaktion, daß bei solcher Betrachtungsweise dann wohl auch der Beruf des Rechtsanwaltes verboten werden müßte, ganz zu schweigen von dem des Satirikers, fruchteten nichts. Der Herr blieb hart.

Peinlich wäre es freilich für den Sender gewesen, im Falle einer Absetzung des in den Programmzeitschriften bereits ausgedruckten Kittner-Beitrags erneut in den Ruch der Satire-Zensur zu geraten. So ließ der Fernsehoberschaffende denn ohne auch nur eine Rückfrage bei mir einfach etwas anders ausstrahlen: die ebenfalls auf

Band befindliche Stellprobe für den Zählungsspot, bei der wir drei Beteiligten relativ zusammenhanglos und willkürlich Sätze und Satzfetzen angespielt hatten, um dem Kameramann Gelegenheit für Probeaufnahmen und -fahrten zu geben. Eine Stellprobe also.

„Das finde ich irgendwie auch ganz witzig", soll der Zensor gegen den Protest des EXTRA-TOUR-Teams geäußert haben. Zudem ließ er den – ungewollten und unautorisierten - „Beitrag" mit dem Untertitel *„Dietrich Kittner, Kabarettist"* versehen und vermöge einer völlig unmotivierten Ausblendung auf vier Minuten begrenzen.

Als der Rezensent der *„Süddeutschen Zeitung"* die zwangsweise zur Darbietung erhobene Probe dann doch als besten Teil der Sendung beschrieb, muß er sie wohl für den gelungenen Versuch absurden Theaters gehalten haben. Der Volkszählungstext war es jedenfalls nur noch andeutungsweise. Was war so kunstbegeisterten Kittner-Text-Fans wie unseren Theatereinbrechern also anderes übriggeblieben, als sich selbst zu helfen?

*

Ansonsten konnte sich natürlich jedermann die Sache auch vollständig reinziehen – live. Während bundesweit die ZählkellnerInnen ausschwärmten, zogen wir ebenso bundesweit mit dem ihre aufopfernde Tätigkeit ergänzenden praktischen Beiprogramm durch die Lande.

Wie ich in weiser Voraussicht befürchtet hatte, mußte derweil in Hannover mein Leibzähler wohl mehrfach unverrichteterdinge wieder abziehen.

Vielleicht hatte man auch gar nicht erst jemanden losgeschickt, denn daß ich auf Tournee war, stand in den Zeitungen; einige

Blätter hatten sogar den kompletten Tourneeplan veröffentlicht. Der muß dann wohl auf breites Interesse gestoßen sein, denn mancherorts erhielten die Theater, in denen ich gastierte, pünktlich zum Termin Anrufe der fürsorglichen Art. Eine ebenso sonore wie anonyme Herrenstimme bat, man möge doch bitte den Herrn Kittner dazu bewegen, die Volkszählungspassagen aus dem Programm zu nehmen, die sei nämlich „gefährlich für ihn und sein Publikum". Keiner der Intendanten hat jedoch auch nur versucht, mich zur Selbstzensur zu veranlassen.

Die anonymen Anrufer werden wohl keine Zähler gewesen sein, sonst hätten sie mir den Bogen doch auch vorbeibringen können …

Vier Tage im Mai spielten wir schließlich im eigenen Theater in Hannover. Das stand an allen Litfaßsäulen. Gleich am ersten Abend kurz vor der Vorstellung – das Publikum war schon im Saal, und ich schloß im Foyer gerade wie weiland Striese die Kasse ab – trat ein untersetzter Herr im braunen Anzug an mich heran. Er hatte schon eine ganze Weile die dort ausgehängten Fotos und Rezensionen durch seine dunkle Hornbrille studiert.

„Guten Abend. Deutsche Volkszählung." Er sagte wirklich „Deutsche".

„Ach, Sie wollen mich sicher zählen?", fragte ich, aufgeweckt und helle, wie ich nun mal bin.

„Ja.", versetzte der Herr einfach.

„Da kann ich Ihnen helfen: eins." Und ich hielt als Zählhilfe den Daumen hoch.

„Herr Kittner, machen Sie es mir doch nicht so schwer. Sie wissen doch genau, worum es geht. Stellen Sie sich doch nicht dumm."

„Natürlich weiß ich, worum es geht. Ich habe ja ein ganzes Programm zu dem Thema. Aber reichlich unverfroren finde ich es

1990
unterhaus
Nicht drängeln
tak

schon, hier fünf Minuten vor der Vorstellung mit solchem Anliegen zu erscheinen. Ich muß jetzt auf die Bühne. Stellen Sie sich doch bitte kurz vor den Vorhang und erklären Sie dem Publikum, daß es nicht losgehen kann, weil Sie mich vorher noch zu zählen wünschen!"

Der Herr schwieg betreten. Er hatte wohl keine Lust.

„Oder wissen Sie was, kommen Sie mit mir auf die Bühne, da machen wir's vor den Leuten ab. Das wird eine prima Talkshow. Ich werde schon etwas aus Ihnen herausfragen."

Das Schweigen gestaltete sich ratlos. Er war bühnenscheu.

„Na, die einfachste Lösung wird wohl sein, wir wickeln das Verfahren schriftlich ab", lenkte ich jovial ein. „Das kann ich sogar verlangen, das ist mein gutes Recht."

„Ja, das ist Ihr gutes Recht", murmelte der Herr erlöst und ging ohne Gruß.

Ich habe die Szene noch am gleichen Abend zum allgemeinen Gaudium mit ins Programm aufgenommen und dann über Monate persönlich nichts mehr von Zählern und Behörden zu spüren bekommen.

*

Erst Ende November '87 begann es dann, Briefe, Verfügungen und Strafandrohungen zu hageln. Man verlangte die Rücksendung eines mir angeblich postalisch zugestellten Zählbogens.

Per Einschreiben teilte ich der Behörde wahrheitsgemäß mit, daß ich bis jetzt – sieben Monate nach dem Stichtag – noch kein solches Papier erhalten hätte und bat höflich um die Übersendung eines Exemplars, wonach ich mit der mir eigenen Akribie sofort an die Bearbeitung des Bogens gehen würde.

Die Antwort war rüde: Mir sei alles als

„nicht unzustellbare Drucksache“

zugegangen, und ich solle jetzt gefälligst … andernfalls … Bußgeldandrohung …

Der Tanz begann, und schön schizophren dazu. Die neujuristische Sprachschöpfung „nicht unzustellbare Drucksache“ schien einigermaßen verwirrend. Sollte sie Schule machen, wären Schwindelunternehmen des Versandhandels Türen und vor allem Toren geöffnet.

Ich besaß nun also keinen Bogen und die Behörde keinen Beweis der Zustellung. Einzig meinem Freund und Anwalt Hermann Bleinroth war, wie ich später erfuhr, während meiner Abwesenheit mal ein Ausfragungspapier ohne Anschreiben oder Erläuterung, geschweige denn mit Namensangabe zugegangen, das er hatte zurückgehen lassen, korrekt mit Eingangsstempel versehen und der Bitte, ihn doch freundlichst zu informieren, was es damit auf sich habe.

Gleichgültig, wie dieser Umstand juristisch zu werten sein würde, blieb Fakt, daß ich das wichtige Dokument nicht besaß – selbst wenn ich es zuvor erhalten, danach verloren, fahrlässig verdorben oder gar vorsätzlich vernichtet haben sollte. Meiner flehentlichen Bitte um Lieferung der Vorlage wollte man amtlich jedoch ausdrücklich nicht entsprechen, verlangte also vom Staatsbürger eine Leistung, die zu erbringen er objektiv nicht in der Lage war. Selbst eine Haussuchung hätte bei mir keines der infragekommenden Formulare ans Licht gebracht.

Inzwischen waren die Volkszählungsstellen längst offiziell geschlossen und ihre Beute feierlich an das auswertende Amt übergeben worden. Was wollte man da noch mit meinen Daten? Wollte man Nachzügler wie mich dem Gesetz entsprechend noch „anonym auswerten"?

Als ich schließlich eine Zwangsgeldverordnung erhielt, klagte ich. Ich war mir keiner Straftat bewußt.

Nachdem die erste Instanz auf Rücksendung des nicht existenten Papiers bestanden hatte, wies das Oberverwaltungsgericht dann schließlich die längst nicht mehr existente Zählstelle an, mir das Formular zu übersenden, und irgendein real doch noch existierendes Amt waltete dann tatsächlich seines ebensolchen. So bin ich wohl der einzige Bundesbürger, der sich seinen Volkszählungsbogen durch gerichtliche Verfügung hatte erkämpfen müssen.

Danach ging ich, wie angekündigt, sofort an die Bearbeitung. Soviele Fragen, soviele Gegenfragen. Die Antworten kamen vom Amt (a. D). Und zwar prompter und prompter. Beide Parteien verbrauchten in immer kürzeren Abständen Unmengen von Papier. Ich kann mich erinnern, daß einer meiner Rückfragenkataloge mit 12 Punkten und der Ankündigung, daß ich morgen auf Tournee fahren müsse, schon 14 Stunden nach Posteinwurf akribisch genau beantwortet per Boten im Briefschlitz meiner Wohnungstür landete. Die Gegenseite kannte also mein Programm.

Endlich, im Juli 1988, gab ich auf und schickte den Bogen zurück, den meine Frau und ich am österreichischen Buschenschanktisch kurz vor der jugoslawischen Grenze derart anonym ausgefüllt hatten, daß „Vater" Staat wohl noch heute ein Dutzend Beamte in Lohn und Brot halten muß, sie zu entschlüsseln. Zudem waren irgendwie auch Butter- und Frühstücks-Kaffee-Obers auf das amtliche Papier gelangt.

Ehrlich gesagt, ich sah auch keinen Anlaß mehr, die Auseinandersetzung fortzuführen, denn kurz zuvor waren die ersten Ergebnisse der Volkszählung feierlich veröffentlicht worden. Stimmen konnten sie allerdings nicht, denn zumindest *meine* Daten fehlten ja.

*

Suspekt geworden war mir das Zählverfahren aus fachlichen Erwägungen heraus freilich schon weit früher. Die Volkszählungsbehörde hatte im Mai 1987, zehn Tage nach dem Stichtag, verbindlich mitgeteilt, 98 Prozent der Bevölkerung hätten ihren Bogen widerspruchslos staatstragend ausgefüllt und abgeliefert. Nur zwei Prozent verweigernde Staatsfeinde[1] habe es gegeben.

Fünf Monate später, im November des gleichen Jahres, ließ dasselbe Amt veröffentlichen, es habe nunmehr harsche Zwangsgeldbescheide versandt an Haderlumpen, die ihrer Ausfüllungs- und Ablieferungspflicht in staatsabträglicher Weise nicht nachgekommen seien. In Hannover habe deren Zahl genau 35.000 betragen.

Allerdings: Wenn 35.000 Verweigerer die oben erwähnten zwei Prozent der Stadtbevölkerung darstellen sollten, hätte die Zwangszählaktion immerhin ein sensationelles Ergebnis gezeigt. Hannover hat demnach 1,75 Millionen Einwohner! Sixtewoll. Einfache Logik.

Nachher stand jedoch in der Zeitung, die Volkszählung habe für die vorher auf über eine halbe Million Bürgerinnen und Bürger geschätzte Leinemetropole nur 495.000 Bewohner ergeben. Dieses

---

1 Heute würde man vermutlich formulieren: „Volkszählungs-Terroristen".

niederschmetternde Ergebnis hat die Stadt in der Folge einige Millionen an Steuergeldern gekostet. Ach hätte die Verwaltung doch auf mich gehört und die Zählerei gleich komplett verweigert, Hannover wäre um vieles reicher. Nicht nur um die für die Volkszählung sinnlos verpulverten Gelder.

Die Regierung weiß nun – nicht nur, weil wir inzwischen so um die 15 bis 17 Millionen Menschen mehr geworden sind – wahrscheinlich immer noch nicht kopfgenau, wieviele Untertanen sie eigentlich kommandiert und was jede und jeder einzelne davon denn nun eigentlich so treibt. Klar ist nur, was die Aushorchung gekostet hat: Ein paar hundert Millionen Mark. Das spielt jedoch bei über 1 500 Milliarden Staatsschulden wahrscheinlich keine große Rolle.

Ich für meinen Teil kenne ohne größere Geldausgaben meine streng geheime Personennummer im ebenso streng geheimen zentralen Nadis-Computer unserer Geheimdienste schon aus dem Jahre 1984, als die BRD-Bevölkerung noch nur rund 60 Millionen zählte. Sie lautet:

14 572 473.

„Man sollte immer ein wenig Kittner im Hause haben“

(Freie Presse Chemnitz)

Bücher

MORDs-GAUDI *Zwischen Zwerchfell und Gänsehaut – Das neue große Kittner-Lesebuch*
396 Seiten, gebunden, Hardcover, ISBN 3-924526-22-2

Aus meinem Kriegstagebuch *Beobachtungen zum Balkankrieg*
3. vervollständigte Auflage, 162 Seiten, Taschenbuch
ISBN 3-924526-23-0

Wie ein Gesetz entsteht. *Das Buch zum Film*
Mit 31 Zeichnungen von Guido Zingerl
40 Seiten, geheftet, Schutzumschlag, ISBN 3-9808137-5-4

Vorsicht bissiger Mund *Kabarett-Texte*
3. Auflage, 424 Seiten, Leinen, gebunden, Schutzumschlag, zahlreiche Abbildungen, ISBN 3-924526-03-6

Vor Jahren noch ein Mensch *Zeitgeschichten I*
444 Seiten, gebunden, Schutzumschlag, zahlreiche Abbildungen
ISBN 3-924526-04-4

Gags & Crime *Zeitgeschichten II*
312 Seiten, gebunden, Leinen, Schutzumschlag, zahlreiche Abbildungen, ISBN 3-924526-05-2

Jaaa! Deutschland balla, balla! *Kabarett-Texte*
291 Seiten, Paperback, zahlreiche Abbildungen,
ISBN 3-924526-07-9

Kleine Morde, große Morde, deutsche Morde
2. überarbeitete Auflage, 70 Seiten, ISBN 3-931079-22-8

„Das politische Kabarett in Deutschland hat seit 40 Jahren einen Namen: Dietrich Kittner“

(Stuttgarter Nachrichten)

■ CDs

neu-neu-neu-neu-neu-neu-neu-neu-neu

Progressive Nostalgie. *Die frühen Jahre*
5-CD-Box, 58 Titel, 6 Stunden Laufzeit, ISBN 978-3-924526-28-3

Kittner LIVE 1 *Groß, Größer, am … Ende oder Das Vierte Reicht!*
3 CDs, 188 Minuten, ISBN 3-924526-08-7

Kittner LIVE 2 *aus: 40 Jahre unter Deutschen und MORDs-GAUDI*
2 CDs, 135 Minuten, ISBN 3-924526-09-5

Kittner LIVE 3 *Der Krieg der Tröpfe*
2 CDs, 150 Minuten, ISBN 3-924526-10-9

Kittner LIVE 4 *„Sehr geehrte Drecksau!“*
2 CDs, 144 Minuten, ISBN 978-924526-25-2

„Der rote Feuerwehrmann“ *Kittners Erich-Weinert-Revue*
CD, 45 Minuten, Verlag Pläne Dortmund

Hai-Society
2 CDs, 120 Minuten, ISBN 3-932219-28-7

Droge Deutschland
2 CDs, 150 Minuten, Live, ISBN 3-924526-11-7

DVDs – Videos

neu-neu-neu-neu-neu-neu-neu-neu-neu

Dietrich Kittner – Zum 50jährigen Bühnenjubiläum
Ein Porträt von Susi Duhme
DVD, 90 Minuten, Bonus 30 Minuten, ISBN 978-3-924526-34-4

Kurzer Abriß der Demokratie oder Die Diktatur der extremen Mitte
Kübelweise Hohn und Spott
DVD, 105 Minuten + Bonus, ISBN 978-3-924526-26-9

Rundschlag *Die große Kittner-Produktion*
DVD, Hauptfilm 3x62 Minuten, Bonus 30 Minuten,
ISBN 3-924526-18-4

SADISTEN *Verfilmung von „Wie ein Gesetz entsteht"*
DVD, 60 Minuten bissiger Satire, ISBN 3-924526-24-9

Die Wut hält jung *Dietrich Kittner im Gespräch mit Susi Duhme*
DVD, 59 Minuten, ISBN 3-924526-20-6

Der Krieg der Tröpfe
DVD, 174 Minuten, Bonus 16 Minuten, ISBN 3-924526-21-4
VHS-Cassette, 174 Minuten, ISBN 3-924526-14-1

Dietrich Kittner Live *Groß, größer, am ... Ende oder Das Vierte Reicht!*
VHS-Cassette, 207 Minuten, ISBN 3-924526-06-0

Alles lieferbar im guten Fachhandel und über

elg
edition logischer garten
Bischofsholer Damm 88, D-30173 Hannover
Fax (05 11) 283 49 80
E-Mail *elgkittner@aol.com*